U0164574

心一堂術數古籍珍本叢刊

書名：馬泰青增釋蔣大鴻《陽宅真詮》附《三元陽宅紫白賦》

系列：心一堂術數古籍珍本叢刊 堪輿類 無常玄空珍秘系列 第三輯 345

作者：【清】馬泰青

主編、責任編輯：陳劍聰

心一堂術數古籍珍本叢刊編校小組：陳劍聰 素聞 鄒偉才 虛白盧主 丁鑫華

出版：心一堂有限公司

通訊地址：香港九龍旺角彌敦道六一〇號荷李活商業中心十八樓〇五─〇六室

深港讀者服務中心·中國深圳市羅湖區立新路六號羅湖商業大廈負一層〇〇八室

電話號碼：(852)9027-7110

網址：publish.sunyata.cc

電郵：sunyatabook@gmail.com

網店：http://book.sunyata.cc

淘寶店地址：https://sunyata.taobao.com

微店地址：https://weidian.com/s/1212826297

臉書：https://www.facebook.com/sunyatabook

讀者論壇：http://bbs.sunyata.cc/

版次：二零二二年三月初版

平裝

定價：港幣　　二百八十八元正
　　　新台幣　一仟一百九十元正

國際書號：ISBN 978-988-8582-92-1

版權所有　翻印必究

香港發行：香港聯合書刊物流有限公司

地址：香港新界荃灣德士古道二二〇─二四八號荃灣工業中心十六樓

電話號碼：(852)2150-2100

傳真號碼：(852)2407-3062

電郵：info@suplogistics.com.hk

網址：http://www.suplogistics.com.hk

台灣發行：秀威資訊科技股份有限公司

地址：台灣台北市內湖區瑞光路七十六巷六十五號一樓

電話號碼：+886-2-2796-3638

傳真號碼：+886-2-2796-1377

網絡書店：www.bodbooks.com.tw

台灣秀威書店讀者服務中心：

地址：台灣台北市中山區松江路二〇九號一樓

電話號碼：+886-2-2518-0207

傳真號碼：+886-2-2518-0778

網絡書店：http://www.govbooks.com.tw

中國大陸發行 零售：深圳心一堂文化傳播有限公司

深圳地址：深圳市羅湖區立新路六號羅湖商業大廈負一層〇〇八室

電話號碼：(86)0755-82224934

心一堂微店二維碼

心一堂淘寶店二維碼

心一堂術數古籍 珍本 整理 叢刊 總序

術數定義

術數，大概可謂以「推算（推演）、預測人（個人、群體、國家等）、事、物、自然現象、時間、空間方位等規律及氣數，並或通過種種『方術』，從而達致趨吉避凶或某種特定目的」之知識體系和方法。

術數類別

我國術數的內容類別，歷代不盡相同，例如《漢書‧藝文志》中載，漢代術數有六類：天文、曆譜、五行、蓍龜、雜占、形法。至清代《四庫全書》，術數類則有：數學、占候、相宅相墓、占卜、命書、相書、陰陽五行、雜技術等，其他如《後漢書‧方術部》、《藝文類聚‧方術部》、《太平御覽‧方術部》等，對於術數的分類，皆有差異。古代多把天文、曆譜、及部分數學均歸入術數類，而民間流行亦視傳統醫學作為術數的一環；此外，有些術數與宗教中的方術亦往往難以分開。現代民間則常將各種術數歸納為五大類別：命、卜、相、醫、山，通稱「五術」。

本叢刊在《四庫全書》的分類基礎上，將術數分為九大類別：占筮、星命、相術、堪輿、選擇、三式、讖諱、理數（陰陽五行）、雜術（其他）。而未收天文、曆譜、算術、宗教方術、醫學。

術數思想與發展——從術到學，乃至合道

我國術數是由上古的占星、卜筮、形法等術發展下來的。其中卜筮之術，是歷經夏商周三代而通過「龜卜、蓍筮」得出卜（筮）辭的一種預測（吉凶成敗）術，之後歸納並結集成書，此即現傳之《易

經》。經過春秋戰國至秦漢之際，受到當時諸子百家的影響、儒家的推崇，遂有《易傳》等的出現，原本是卜筮術書的《易經》，被提升及解讀成有包涵「天地之道（理）」之學。因此，《易‧繫辭傳》曰：「易與天地準，故能彌綸天地之道。」

漢代以後，易學中的陰陽學說，與五行、九宮、干支、氣運、災變、律曆、卦氣、讖緯、天人感應說等相結合，形成易學中象數系統。而其他原與《易經》本來沒有關係的術數，如占星、形法、選擇，亦漸漸以易理（象數學說）為依歸。《四庫全書‧易類小序》云：「術數之興，多在秦漢以後。要其旨，不出乎陰陽五行，生尅制化。實皆《易》之支派，傳以雜說耳。」至此，術數可謂已由「術」發展成「學」。

及至宋代，術數理論與理學中的河圖洛書、太極圖、邵雍先天之學及皇極經世等學說給合，通過術數以演繹理學中「天地中有一太極，萬物中各有一太極」（《朱子語類》）的思想。術數理論不單已發展至十分成熟，而且也從其學理中衍生一些新的方法或理論，如《梅花易數》、《河洛理數》等。

在傳統上，術數功能往往不止於僅僅作為趨吉避凶的方術，及「能彌綸天地之道」的學問，亦有其「修心養性」的功能，「與道合一」（修道）的內涵。《素問‧上古天真論》：「上古之人，其知道者，法於陰陽，和於術數。」數之意義，不單是外在的算數、歷數、氣數，而是與理學中同等的「道」、「理」--心性的功能，北宋理氣家邵雍對此多有發揮：「聖人之心，是亦數也」、「萬化萬事生乎心」、「心為太極」。《觀物外篇》：「先天之學，心法也。……蓋天地萬物之理，盡在其中矣，心一而不分，則能應萬物。」反過來說，宋代的術數理論，受到當時理學、佛道及宋易影響，認為心性本質上是等同天地之太極。天地萬物氣數規律，能通過內觀自心而有所感知，即是內心也已具備有術數的推演及預測、感知能力；相傳是邵雍所創之《梅花易數》，便是在這樣的背景下誕生。

《易‧文言傳》已有「積善之家，必有餘慶；積不善之家，必有餘殃」之說，至漢代流行的災變說及讖緯說，我國數千年來都認為天災，異常天象（自然現象），皆與一國或一地的施政者失德有關；下

至家族、個人之盛衰，也都與一族一人之德行修養有關。因此，我國術數中除了吉凶盛衰理數之外，人心的德行修養，也是趨吉避凶的一個關鍵因素。

術數與宗教、修道

在這種思想之下，我國術數不單只是附屬於巫術或宗教行為的方術，又往往是一種宗教的修煉手段——通過術數，以知陰陽，乃至合陰陽（道）。「其知道者，法於陰陽，和於術數。」例如，「奇門遁甲」術中，即分為「術奇門」與「法奇門」兩大類。「法奇門」中有大量道教中符籙、手印、存想、內煉的內容，是道教內丹外法的一種重要外法修煉體系。甚至在雷法一系的修煉上，亦大量應用了術數內容。此外，相術、堪輿術中也有修煉望氣（氣的形狀、顏色）的方法；堪輿家除了選擇陰陽宅之吉凶外，也有道教中選擇適合修道環境（法、財、侶、地中的地）的方法，以至通過堪輿術觀察天地山川陰陽之氣，亦成為領悟陰陽金丹大道的一途。

易學體系以外的術數與的少數民族的術數

我國術數中，也有不用或不全用易理作為其理論依據的，如揚雄的《太玄》、司馬光的《潛虛》。也有一些占卜法、雜術不屬於《易經》系統，不過對後世影響較少而已。

外來宗教及少數民族中也有不少雖受漢文化影響（如陰陽、五行、二十八宿等學說。）但仍自成系統的術數，如古代的西夏、突厥、吐魯番等占卜及星占術，藏族中有多種藏傳佛教占卜術、苯教占卜術、擇吉術、推命術、相術等；北方少數民族有薩滿教占卜術；不少少數民族如水族、白族、布朗族、佤族、彝族、苗族等，皆有占雞（卦）草卜、雞蛋卜等術，納西族的占星術、占卜術，彝族畢摩的推命術、占卜術……等等，都是屬於《易經》體系以外的術數。相對上，外國傳入的術數以及其理論，對我國術數影響更大。

曆法、推步術與外來術數的影響

我國的術數與曆法的關係非常緊密。早期的術數中，很多是利用星宿或星宿組合的位置（如某星在某州或某宮某度）付予某種吉凶意義，并據之以推演，例如歲星（木星）、月將（某月太陽所躔之宮次）等。不過，由於不同的古代曆法推步的誤差及歲差的問題，若干年後，其術數所用之星辰的位置，已與真實星辰的位置不一樣了；此如歲星（木星），早期的曆法及術數以十二年為一周期（以應地支），與木星真實周期十一點八六年，每幾十年便錯一宮。後來術家又設一「太歲」的假想星體來解決，是歲星運行的相反，週期亦剛好是十二年。而術數中的神煞，很多即是根據太歲的位置而定。又如六壬術中的「月將」，原是立春節氣後太陽躔娵訾之次而稱作「登明亥將」，至宋代，因歲差的關係，要到雨水節氣後太陽才躔娵訾之次，當時沈括提出了修正，但明清時六壬術中「月將」仍然沿用宋代沈括修正的起法沒有再修正。

由於以真實星象周期的推步術是非常繁複，而且古代星象推步術本身亦有不少誤差，大多數術數除依曆書保留了太陽（節氣）、太陰（月相）的簡單宮次計算外，漸漸形成根據干支、日月等的各自起例，以起出其他具有不同含義的眾多假想星象及神煞系統。唐宋以後，我國絕大部分術數都主要沿用這一系統，也出現了不少完全脫離真實星象的術數，如《子平術》、《紫微斗數》、《鐵版神數》等。後來就連一些利用真實星辰位置的術數，如《七政四餘術》及選擇法中的《天星選擇》，也已與假想星象及神煞混合而使用了。

隨着古代外國曆（推步）、術數的傳入，如唐代傳入的印度曆法及術數，元代傳入的回回曆等，其中我國占星術便吸收了印度占星術中羅睺星、計都星等而形成四餘星，又通過阿拉伯占星術而吸收了其中來自希臘、巴比倫占星術的黃道十二宮、四大（四元素）學說（地、水、火、風），並與我國傳統的二十八宿、五行說、神煞系統並存而形成《七政四餘術》。此外，一些術數中的北斗星名，不用我國傳統的星名：天樞、天璇、天璣、天權、玉衡、開陽、搖光，而是使用來自印度梵文所譯的：貪狼、巨

四

門、祿存、文曲、廉貞、武曲、破軍等,此明顯是受到唐代從印度傳入的曆法及占星術所影響。如星命

術中的《紫微斗數》及堪輿術中的《撼龍經》等文獻中,其星皆用印度譯名。及至清初《時憲曆》,置

閏之法則改用西法「定氣」。清代以後的術數,又作過不少的調整。

此外,我國相術中的面相術、手相術,唐宋之際受印度相術影響頗大,至民國初年,又通過翻譯歐

西、日本的相術書籍而大量吸收歐西相術的內容,形成了現代我國坊間流行的新式相術。

陰陽學——術數在古代、官方管理及外國的影響

術數在古代社會中一直扮演着一個非常重要的角色,影響層面不單只是某一階層、某一職業、某

一年齡的人,而是上自帝王,下至普通百姓,從出生到死亡,不論是生活上的小事如洗髮、出行等,大

事如建房、入伙、出兵等,從個人、家族以至國家,從天文、氣象、地理到人事、軍事,從民俗、學術

到宗教,都離不開術數的應用。我國最晚在唐代開始,已把以上術數之學,稱作陰陽(學),行術數者

稱陰陽人。(敦煌文書、斯四三二七唐《師師漫語話》:「以下說陰陽人謾語話」,此說法後來傳入日

本,今日本人稱行術數者為「陰陽師」)。一直到了清末,欽天監中負責陰陽術數的官員中,以及民間

術數之士,仍名陰陽生。

古代政府的中欽天監(司天監),除了負責天文、曆法、輿地之外,亦精通其他如星占、選擇、堪

輿等術數,除在皇室人員及朝庭中應用外,也定期頒行日書、修定術數,使民間對於天文、日曆用事吉

凶及使用其他術數時,有所依從。

我國古代政府對官方及民間陰陽學及陰陽官員,從其內容、人員的選拔、培訓、認證、考核、律法

監管等,都有制度。至明清兩代,其制度更為完善、嚴格。

宋代官學之中,課程中已有陰陽學及其考試的內容。(宋徽宗崇寧三年〔一一零四年〕崇寧算學

令:「諸學生習……並曆算、三式、天文書。」「諸試……三式即射覆及預占三日陰陽風雨。天文即預

定一月或一季分野災祥，並以依經備草合問為通。」

金代司天臺，從民間「草澤人」（即民間習術數人士）考試選拔：「其試之制，以《宣明曆》試推步，及《婚書》、《地理新書》試合婚、安葬，並《易》筮法、六壬課、三命、五星之術。」（《金史》卷五十一・志第三十二・選舉一）

元代為進一步加強官方陰陽學對民間的影響、管理、控制及培育，除沿襲宋代、金代在司天監掌管陰陽學及中央的官學陰陽學課程之外，更在地方上增設陰陽學教授員，培育及管轄地方陰陽人。（《元史・選舉志一》：「世祖至元二十八年夏六月始置諸路陰陽學。」）地方上也設陰陽學教授員，於路、府、州設教授員，凡陰陽人皆管轄之，而上屬於太史焉。）自此，民間的陰陽術士（陰陽人），被納入官方的管轄之下。

至明清兩代，陰陽學制度更為完善。中央欽天監掌管陰陽學，明代地方縣設陰陽學正術，各州設陰陽學典術，各縣設陰陽學訓術。陰陽人從地方陰陽學肄業或被選拔出來後，再送到欽天監考試。（《大明會典》卷二二三：「凡天下府州縣舉到陰陽人堪任正術等官者，俱從吏部送（欽天監），考中，送回選用；不中者發回原籍為民，原保官吏治罪。」）清代大致沿用明制，凡陰陽術數之流，悉歸中央欽天監及地方陰陽官員管理、培訓、認證。至今尚有「紹興府陰陽印」、「東光縣陰陽學記」等明代銅印，及某某縣某某之清代陰陽執照等傳世。

清代欽天監漏刻科對官員要求甚為嚴格。《大清會典》「國子監」規定：「凡算學之教，設肄業生。滿洲十有二人，蒙古、漢軍各六人，於各旗官學內考取。漢十有二人，於舉人、貢監生童內考取。」學生在官學肄業、貢監生肄業或考得舉人後，經過了五年對天文、算法、陰陽學的學習，其中精通陰陽術數者，會送往漏刻科。而在欽天監供職的官員，《大清會典則例》「欽天監」規定：「本監官生三年考核一次，術業精通者，保題升用。不及者，停其升轉，再加學習。如能黽

勉供職，即予開復。仍不及者，降職一等，再令學習三年，能習熟者，准予開復，仍不能者，黜退。」除定期考核以定其升用降職外，《大清律例》中對陰陽術士不準確的推斷（妄言禍福）是要治罪的。《大清律例‧一七八‧術七‧妄言禍福》：「凡陰陽術士，不許於大小文武官員之家妄言禍福，違者杖一百。其依經推算星命卜課，不在禁限。」大小文武官員延請的陰陽術士，自然是以欽天監漏刻科官員或地方陰陽官員為主。

官方陰陽學制度也影響鄰國如朝鮮、日本、越南等地，一直到了民國時期，鄰國仍然沿用着我國的多種術數。而我國的漢族術數，在古代甚至影響遍及西夏、突厥、吐蕃、阿拉伯、印度、東南亞諸國。

術數研究

術數在我國古代社會雖然影響深遠，「是傳統中國理念中的一門科學，從傳統的陰陽、五行、九宮、八卦、河圖、洛書等觀念作大自然的研究。……傳統中國的天文學、數學、煉丹術等，要到上世紀中葉始受世界學者肯定。可是，術數還未受到應得的注意。術數在傳統中國科技史、思想史、文化史、社會史，甚至軍事史都有一定的影響。……更進一步了解術數，我們將更能了解中國歷史的全貌。」（何丙郁《術數、天文與醫學中國科技史的新視野》，香港城市大學中國文化中心。）

可是術數至今一直不受正統學界所重視，加上術家藏秘自珍，又揚言天機不可洩漏，「（術數）乃吾國科學與哲學融貫而成一種學說，數千年來傳衍嬗變，或隱或現，全賴一二有心人為之繼續維繫，賴以不絕，其中確有學術上研究之價值，非徒癡人說夢，荒誕不經之謂也。其所以至今不能在科學中成立一種地位者，實有數因。蓋古代士大夫階級目醫卜星相為九流之學，多恥道之；而發明諸大師又故為恫恍迷離之辭，以待後人探索；間有一二賢者有所發明，亦秘莫如深，既恐洩天地之秘，復恐譏為旁門左道，始終不肯公開研究，成立一有系統說明之書籍，貽之後世。故居今日而欲研究此種學術，實一極困難之事。」（民國徐樂吾《子平真詮評註》，方重審序）

心一堂術數古籍珍本叢刊

現存的術數古籍，除極少數是唐、宋、元的版本外，絕大多數是明、清兩代的版本。其內容也主要是明、清兩代流行的術數，唐宋或以前的術數及其書籍，大部分均已失傳，只能從史料記載、出土文獻、敦煌遺書中稍窺一鱗半爪。

術數版本

坊間術數古籍版本，大多是晚清書坊之翻刻本及民國書賈之重排本，其中豕亥魚魯，或任意增刪，往往文意全非，以至不能卒讀。現今不論是術數愛好者，還是民俗、史學、社會、文化、版本等學術研究者，要想得一常見術數書籍的善本、原版，已經非常困難，更遑論如稿本、鈔本、孤本等珍稀版本。

在文獻不足及缺乏善本的情況下，要想對術數的源流、理法、及其影響，作全面深入的研究，幾不可能。

有見及此，本叢刊編校小組經多年努力及多方協助，在海內外搜羅了二十世紀六十年代以前漢文為主的術數類善本、珍本、鈔本、孤本、稿本、批校本等數百種，精選出其中最佳版本，分別輯入兩個系列：

一、心一堂術數古籍珍本叢刊
二、心一堂術數古籍整理叢刊

前者以最新數碼（數位）技術清理、修復珍本原本的版面，更正明顯的錯訛，部分善本更以原色彩色精印，務求更勝原本。并以每百多種珍本、一百二十冊為一輯，分輯出版，以饗讀者。

後者延請、稿約有關專家、學者，以善本、珍本等作底本，參以其他版本，古籍進行審定、校勘、注釋，務求打造一最善版本，方便現代人閱讀、理解、研究等之用。

限於編校小組的水平，版本選擇及考證、文字修正、提要內容等方面，恐有疏漏及舛誤之處，懇請方家不吝指正。

心一堂術數古籍　珍本　叢刊編校小組
　　　　　　　　　整理　叢刊
二零零九年七月序
二零一四年九月第三次修訂

陽宅真詮叙

吉之人學貫三才。其下宅占塋恒由自擇。今之人專尚文藝作

手於遊食之流。於是乎有以地理名家坊。其術之真偽不多。其

身之凶禍主見。可不懼哉余弱冠時。先老命於讀書之暇。留心

堪輿之學凡大鴻氏之書習之。詢房有源本。確係楊公之真傳。

第恐未遇師明指究思迷途。如是比十越春秋甲辰遇武進趙

湘帆先生於禹津戌申謁李振宇老師於燕邺。蓋元空理氣有

體有用。二坊和需而行。亦此人重體而輕用趙南人尚用而墨

体。実皆出於楊蔣而習坊各有所偏然主律則火而穩主用

則速而暫偏伴用蒙合斯為盡美盡善並笑部編乃趙手授余坊。

一卷為陽宅。一卷為挨星。且云。蔣公傳姜汝皋諸人没。別傳楊

文言道聲楊係黃其龍亦川。黃係亦燦瑤圃亦係董華垂亦連。

湘帆亦之相存連此授受之由來。湘帆若江以授余。則天心訣

法。下卦起星之旨具在。覺西天玉室照諸篇。表裏貫通復驗之

於陰陽二宅曉如指掌用相本注之盧增註數十條。並繪圖於

後俾觀艻觸類旁通。名陽宅曰。陽宅真詮名挨星曰。挨星真詮。

非敢輕易宣泄也。係真者不出。則偽比曰滋。前已剖辨惑本亦

之意以言体中用。今更梓陽宅本趙之意。以言用中用使閲坊

会而通之不丞願此失彼仍復兩岐丞於挨星真詮。雖歉其亐

世人終恋千造枸三点。留有以待而耳。

嘗在同治壬申孟春中澣自叙於知止山房蓮菴氏筆記

錄古叙

大鴻氏曰宅法有三。一市井之宅。重闉比户。其用街巷通路為
先。方隅門風為要。而地水次之。蓋車馬人蹄來往喧鬧響振亮
塵嘗紛勁氣其噓枯吹生不同答寂之鄉若更得吉水旺龍尤
當遠發。一嗊野之宅。以地水為主。而方隅風水次之。道路又次
之。地水之吉凶大應。小則小應。一山谷之宅。因
爲地脉之敦厚。而尤以天風為主。餘窟次之。蓋其風慶空而下。
障之步萬尋。而漏之步千仞。其吹祥也發不施踵。其吹咎也殄
滅遺跡。紙真闗元龍之氣。不敢居也。但靠一帶直山步。固論偏

凹風。而山圍鈌口收風尤為有力。百騐百灵。惟坐下有龍脉也。

其風另斷。凡兴言宅。皆擇堂巫闹舒。水㴊平衍之地而築言。若

地勢通窄涧流陡潟。斷难卜吉而莫居也。

𪠴在道光丙午孟秋上澣泰青氏摘録

陽宅真詮

大鴻氏蔣平階授

東川黃其龍註釋

道聲楊文言輯藏

泰青馬清鶚增釋

門從山起卦自向來。

泰青曰。門從山起者。非世俗之遊年翻卦也乃按洛書九宮之山。如子山午向卽一白坎。入中順數九宮則二黑在乾五黃在離八白在震。於一白為煞炁三碧在兑四綠在艮於一白為洩炁皆不可開門六白到坎七赤在坤於一白為生炁開門最吉。九紫到巽於一白為財炁又謂紫白交輝用門

馬泰青增釋蔣大鴻《陽宅真詮》附三元陽宅紫白賦（虛白廬藏清寫本）

亦吉。此坐山之生尅。一定之位。純是順逆。以之謂體。卦自向來

者。乃天心正運之卦。以向上星為主。有順逆二局。所謂二十四

山爻順逆。共成四十有八局是也。此方謂用。以下節又分疏體

用之法。

星隨門轉。龍從二十四山。

泰青曰。星即天心正運之星。從門上所向之星。流轉九宮。誰

後戶寶門。皆隨星而定禍福。如廻廊側路亦因焉而判吉凶。

所謂向首一星災禍柄。吉來二凶死生門是也。二十四山即

一卦三山之二十四山也。龍浮何方何卦來。以占其衰旺。然

近山处有龍脉平洋处爹龍脉。但有龍处講龍。爹龍处亦不

必膠柱鼓瑟也。

局照八卦山局

泰青曰。爲局之法有溝渠。有池沼。有路衝。總以在宅南者爲
坎局。在宅北者爲離局。餘以此推。蓋有龍言龍。無龍然後言
局也。

門方八卦納干支

泰青曰。八卦分占八方。每方又多三爻。門雖在八卦之方。更
雖爲在卦之何爻。納干支。非世俗之乾納甲。坤納乙之謂乃
乾宮之左有戌。右有亥。震宮之左有甲。右有乙之謂也。震屬
木。甲乙亦屬木。乾屬金。戌亥亦屬金。餘卦倣此。只論八卦屬

何五行。不論干支屬何五行。二語盡之矣。

層從河數起九星生尅。

泰青曰。河圖之數合而言之其數五。析而言之其數十。夫一

六水也。二七火也。三八木也。四九金也。五十土也。層數亦以

一水二火三木四金五土六水七火八木九金十土論五行。

茫第一層為水第二層為火第三層為木往後數去一層有

一層之五行也。首節以洛書定山之五行此節以河圖定層

之五行。二者並行不悖兼有生尅制化之理九星是照洛書

五行。以生山星与層星論生尅再加以元運九星其生尅更

灵速矣。

間以陰陽左右數。九星亦以左右行。

泰青曰。間數五行。亦以水一火二木三金四。五土論。但乾坎
艮震四陽向。則從左數立右。巽離坤兌四陰向。則從右數至
左。某山宜住某層某層宜住某間。以山生層。層生間吉。或比
旺相助亦吉。如逢生運旺運更吉。九星多間。則以坐山卦之
陰陽。左右數。如坎山自左數至右。第一層一白。第二間二黑。
第三間三碧。離二層亦如是。離山自右數至左。第一間九紫。
第二間一白。第三間二黑。離二層亦如是。若廂屋即以兩屋
坐山為主。如是震即三碧為第一間。此兩節专講河圖五行。洛
书九星層間之法。

馬泰青增釋蔣大鴻《陽宅真詮》附三元陽宅紫白賦（虛白廬藏清寫本）

河之運五子分元

泰青曰。以上六節。所言皆體。以下二節而言皆用。知體而不
知用。其吉凶不明。知體而又知用。其禍福乃準。所以知河圖
洛書之體矣。尤必知河圖洛書之用。然後因趨避之法也五子
此即甲子水運。丙子火運戊子木運。庚子金運。壬子土運乃
按河圖之運。各管十二年。共六十年一週。加於層回之上。以
生剋斷吉凶。此之謂河運。

洛書運九星分屬。

泰青曰。洛運雖以一○七統上中下三元其實九星各管二
十年一百八十年一週如一白星二十年運内屬水。二黑星

運內二十年屬土。所謂多屬是也。又有值年值月。值日之星。各有所屬。此之謂洛運。

總法以中宮為主。再為生尅在何方。以定吉凶。

泰青曰。以山而論。則以本山入中宮。為八方與山之生尅。以運而論。則以本運入中宮。為八方與運之生尅。二者須當合叅運與山之生尅。其吉山始驗。中宮為主。其義深矣。内含於極而太極之吉。正本乎阿諛名視之也。

一無流通之說。先以門方與火庵門樓房屋之異。總以門戶為要口。

東川曰。凡通所陽宅。以大門火庵為主。門係一宅休咎。而各

家所住之房。總以門戶為主。閉係各人休咎。此為第一要緊

閉務。火庵坊一家人生命繫之。

紫白飛宮。辨生旺退煞之用。三元運氣。判盛衰興廢之年。

東川曰。紫白九星也飛宮九宮也。三元上中下也。三元輪管

之年。歲白飛調之方。有生旺退死煞五行之分。生、生我比也。

旺。此助我者也。退、我生比也。死、我剋比也。煞剋我比也。此

而判其盛衰與廢。如以指掌耳。

故生旺宜與。運未來而仍替。退煞當廢。運方交而尚榮。總以辰

運為主。而吉凶隨之矣也。

東川曰。陽宅有九宮。有本山入中一局。千年不動此也。有三

写

元元写一局。隨氣運流移此也。故雖本山生旺方之門。宜與也。

若運未來而仍替。開本山退然方之門當廢也。若運方交而尚榮。總以氣運為主。而吉凶隨之交也。若氣與本山相助。尤為盡善。

圖之運論體之五行。洛之運論用之九星。

東川曰。河圖之數水一火二木三金四土五五行之序。秩然不紊。九星層數向數本興五行論之。此其体也。洛戈之用九星主持其運。上元一白中元四綠下元七赤。各管六十年。謂之大運。上元一白。二黑三碧。各管二十年。中元四綠五黄六白各乡管二十年。下元七赤八白九紫。各乡管二十年。謂之

写音弔

小運。凡陰陽二宅以此大小二運為主。

又曰、圖之運以五子多元則甲丙戊庚壬乃水火木金土之序。秩然不紊。如上元甲子。十二年水運。丙子十二年火運。戊子十二年木運。庚子十二年金運。壬子十二年土運。凡層數間數當以五子元運論之。

有以河可叅出書河圖圖。時河可叅出

東川曰。凡進數間數以圖之數論五行也。而圖之運。又以五子多元。故層間五行。先以圖運叅之。再以洛運叅之。以下文第三節所云出也。

盖原其層也。究其間也。合水數也。壹逢金水之元。值木數也。當

畏火金之運。

東川曰。金水之元生旺之元也火金之運。退殺之運也。其尤忌也少。

生運發丁。次以次而漸榮旺時的禍因此肩而驟富。退則冷敗而絕嗣殺則橫禍而官實死則損丁亦兼破產只緣財臨死鄉。

恒以見吉凶常半以以圖論体应同桴鼓者也。

東川曰。層间五行。再以圖運泰其生尅衰旺。當应同桴鼓也。

若乃九星運於尅忌亦同。木星金運宅逢刘盜之凶火曜木元人沐恩榮之盍。出可泰圖死以是也。

東川曰。凡層间属木枕。忌逢金運属火枕。尤逢木運。故一白

主治之運。其木層木間皆受生焉。二黑主治之運。九水層水

間。獨主殺臨此以出參圖之妙道也。一說層喻五行。本山五

行合洛少九星。河圖五子多運發之。故木星畏金運火曜起

木元。

至於河以參洛。第一先觀其局。假如八山中。值上元甲子。四一

白龍穴。一白砂水或一白方居住。總名元號之運。發福龍常若

甲申管運。向二黑龍穴。二黑砂水或二黑方居住。赤曰元龍之

運發而龍小。

亦川曰。觀其局也。觀其地址之形局。審其八方之風水也。以

八方之刑勢合局。其龍穴砂水合向上元之運。而居住參不

合也。固為上吉。自然蓋福泒常。故審形勢定局。為地理中第

一關玔。

然二此不可必泇。或一白當令。而震巽受運之生。六七乘時而

乾兑合元之旺。亦有慶也。

泰青曰不可必泇。即上二章去可泰圖。河可泰洛。不可必泇

也。下四局方是此洛泰洛笑。一六七是言洛運。震巽乾兑是

言洛局。

且先天云坎在兑。後天云坎在坤。則上元一白之兑坤。未可言

衰先天云巽在坤。後天云巽在兑。則中元四綠云坤兑亦可言

旺先天云兑在巽。後天云兑在坎。則下元七赤云巽坎亦可云

朴必卦之先後天運可合論也。

泰青曰。此言先天後天同是一氣。旺則俱旺。先天本於河圖

後天本於洛書。雖云先後天卦仍是河洛秘泰也。

又如一白司上元。而六白齊榮四綠居中元九紫均旺。蓋河圖

一六共宗。二七同道。三八為朋。四九為友。三元九運圖可參考信以

是已。

泰青曰。一六齊榮。四九均旺。乃一生一成之理。故洛書行運

而河圖應之。

是故首觀其局。或局未得運。而局之生旺方。有一字得運比髮

福此亦同水為上砂次之殿閣樓台橋道又其次之也。

泰青曰。此因局未得運。而旁求局之生旺。財方之妙水。殿閣
樓台。橋道而已運比。亦能發福退殺方反是。

再論其山。及山之六子行運与否。次論其層。每層之六子行運
与否。又次論其間。合山與層其陰陽生旺配合否。或行大運或
行小運。俱堪安富增榮。其或關殺離避。而不合河圖。不合洛運。
屹可小康而止。

東川曰。一所陽宅全為宅主之房。一房之中。全為宅主之床。
盖上承祖父。下啟兒孫全係在此故也。故上二節乃陽宅之
關津金針之暗度也陰陽二宅。第一务其局。上垣合格能收
三元不敗比。此為第一等。然不可必為也。第局中有一處合

何元運者。亦依發禍。其次須論其山。合何八卦中何山向。必
須參合何元運。然後將門戶。井竈魚火房廁六事。位置均何
其宜。其次須論屋之層進。要以河圖五行定之。其層進五行。
而與本山扣生旺否。可以元運合生旺否。不僅高下何宜而
進數多寡。亦須扣配。其次又論其間。蓋屋內何間曰有宅神。總
以五行多寡。亦以河圖定之。其層之陰坊。住間之陽層之陽
坊。住間之陰。又要間數五行。合層數生旺。並合元運與本山
生旺否。又與本命扣生旺否。總之要局生山山生進上生間間
生命。而房床位。又何宜此為弟一事。自然發禍尤常之然何
伴伴都以意裁只須觀風水二字合為洛土大運小運而層

間五行或合圖中五子元運。或參合九星元運。皆可叅禍不然

然避凶砂惡水而不合元運只可小安未能大叅禍也此為宅

中之緊要。条目故細叅之学坊不可忽視之也。吁慎之哉秘之

哉。

若夫大運小運之管。山有統轄寺臨之異。而太岁到方并見突

祥。

東川曰。統臨郎三元六甲大運也。甲子至甲寅調宮不同而

三元之沕宮亦異以所主運星入中順佈以稽生尅此以統

臨之居也寺臨郎三元六甲小運也。而本元所主運入中順

飛以論八方生旺。尅殺吉凶尤岩而布山原生星殺全而論

之。或生見生。或生見殺。或旺見生。或旺見退。一七參祥。每二

十年一易。而禍福由之霄壤。此者臨之居也。若統臨者臨皆

吉。亡莫大焉。統臨吉而者臨不吉。不免為凶。凶未甚也。至皆

不吉莫可救矣。流年運星亦入中順飛。以考八山生旺。如其

年不得九星之吉。何大運小運之生旺。修動亦吉。論元運尚

未可恃也。〔設〕〔△〕〔△〕〔△〕〔△〕〔△〕〔△〕〔△〕

陰交陽交之臨向。有順飛逆飛三分。而年星入中同象生尅

亦川曰。陽爻者乃乾亥壬艮寅甲巽巳丙坤申庚。十二陽字

也。陰爻者乃子癸丑卯乙辰午丁未酉辛戌。十二陰字也。凡

開山立向。必宜詳辨。而陽宅尤專重。向首之星務求生旺向

令。用運星入中飛輪向首。向何卦何爻。辨明陰陽順逆。挨佈八方。看其何比生旺何比衰死。所謂生旺衰死乃因時變遷運中分向之生旺衰死。非原宅位（上之生旺衰死也。向首陰陽既定宅一切門路收盡。挨位分房。宜遇六白。俱從此剖判吉凶參為。年月一卦之中。各有區別否。則向丙向午向丁。兼左兼右。同在一卦。而吉凶判然此杜陵一線薪傳。真河洛之秘妙向比宝云。

八门加臨能一九星吊替多方。蓋河洛本有妙用。而命会乃可通神。

泰青曰。八門者。乃八方之间。即前所云。门從山起之门加臨

者為门上所加之卦。入中輪轉。是何星臨门也。並孤奇门之

八门以浦休生為吉门。或河洛全不相符。余门訣後特為正

之。九星吊替也。如三元白星山於白星之類入中无佈。但以

三吊而年替月替月。屬替屬门替门斯各替也。如甲子年

一白入中。輪至坎見六白。再以六白入中。輪至巽辰方是五黄復以

是年替也又子午三月六白入中。輪至坎復以二黑。

五黄入中。搞八方俱伏。而月建上仍見四綠是月替也。如只

二層屋下元辛亥年五黄到首進六白到二層。再以六白入

中。輪八方生越。是層替也。又層開离。二黑入中。六白到离。

则六白為门星矣。上元丁亥年見黄五入中。輪至离方見九

紫到门。剋原坐六白金為凶。復以九紫入中宮。順佈八方。六白到坤。四綠到門是以门替也。此河洛之妙用。而命会之災祥可以預決。凡凶星宜在靜房。庶不發作。凡吉星宜在動方。便邀福来。反此以不利。所謂動以。所謂靜此。垣墻平正水路横過。參直尖冲射是也。總以先以元運為主。當依著不可高當高此不可低。然後以吉凶挨加其上。应以稑鼓。九星之三白最吉。三白中一白尤吉。合四元運可催丁。催財。催官。平洋以一白星。挨在大水处永遠丁財文秀不断矣。一白貪狼為九星中第一吉星。統領三元九運。其力最為宏大悠久故也。

論生尅。

宅之層間。以向之陰陽。分左右數。再以坐山。屬何五行。而層

五間之圖

河圖五層

以陽向左往

右數為式

間

層

土	金	木	火	水
		水層一		
土	金	木	火	水
		火層二		
土	金	木	火	水
		木層三		
土	金第四	木	火	水
		層金土		
土	金第五	木	火	水
			層土	

河圖四層五間之圖
以陰向右往左數
為式

宅只四層無第五層之土數斷法同前。

間　層

土	金	木	火	水	第一層
土	金	木	火	水	第二層
土	金	木	火	水	第三層
土	金	木	火	水	第四層 金層

河圖七層五間之圖

				水
				火
				木
				金
				土
				水
				火

此言七層者。牽以為戒。雖十餘層亦不過如是。其間星仍照前。以陰陽左右行。

河圖兩層帶门為三層之圖

原只兩層。倘左水一運。則二層火。不堪住矣。前添有者有簷之大门。則於層化為二層。二層化為三層。木星可安居矣。

二九

河圖一層之圖

如一層屋。雖有院有門。而門無脊無簷。仍是一層水星。若是木運列為洩氣。將門添起脊簷。如一層水星列屋化二層。二層火星切生炁全吉矣。

河圖三層四層之圖

左右廂各只一層。皆為水層。倘宅係朝東之向。南之向。其正層以陽向論之。則右廂亦陽。其左廂必陰。向左廂宜往右數。右廂宜往左數。

朝東之向
南字抄錯

水	火	木	金	土
				木
火				火
火				火
火	水	火	木	金 土
火				木
火				火
火				火
水	火	木	金	土

左

右

河圖四間之圖

魯只四间。

向之阴阳左

右数僅有水

一火二。木三

金四。參五土

也。

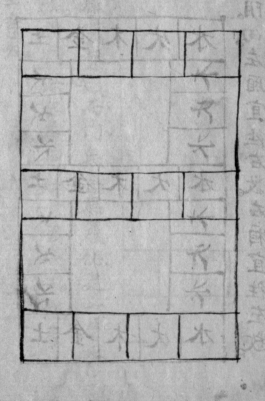

河圖兩層帶門為三層之圖

凡前面大門。
並院內腰門。
有脊而前後
簷皆為作一
層算。亦照層
星數。如宅本兩層。玖層水星二層欠星中腰添一門為
二層火星原二層變為三層木星。

河圖層間脊不相連之圖

如正宅只五間。旁連并列亦三間。而脊不連。則各起間星。今

以陰向為式。学以類推可也。

凡層受山生比吉。而山比比吉。層尅山比亦吉。層生山比漫

氣。不吉。層受山尅比微忌大凶此層之太極也。凡間受層生

若吉。與層比者吉。間尅層亦吉。間生層比漫忌。不吉。間受層

尅比煞為大凶。此間之大極也。凡生命干屬天。支屬地。干支

合而納音為主受間生比吉。與間比比吉。尅間比亦吉。生間

比視忌次吉。受間尅比煞為大凶。又安床之處。為門總收風。

以迎生避煞為主。兼為局山層間之生旺死退。此宅中人之

太極也。然局山遠層間近。安床收風尤為親近宅雖求全吉。

取忌親近而吉居之可也。

洛書宅形方正天元之圖

洛書挨宅以九宮八方
為體。以九運八卦五行
生尅為用。此宅形四方。
宅以四正。八方均勻。
九星挨加。任宅安床訣。參斷吉凶。顯然未造之宅。可於中央
下盤分方。已造之宅。亦頂忖度。前後左右而為之。

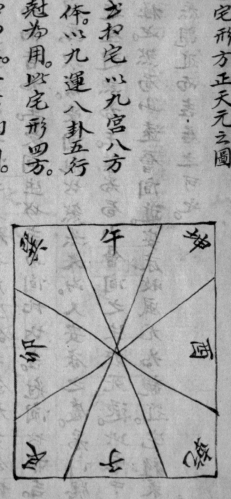

（圖中方位字：午、坤□冬、冬、兌□、兌、乾、坎、艮）

洛书宅形長方之圖

宅形雖之。八方總以
盤針緜路分方為
主。此中宮最為緊
要之樞。捨此斷宅
吉凶孚準。

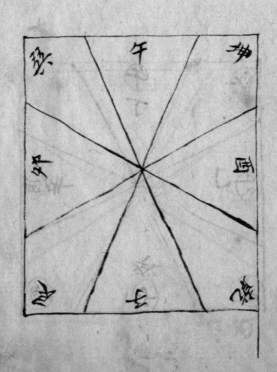

洛書宅形方正人元之圖

此乃人元向法。八卦方，
俱偏於左。宅向既即偏。
則門路房床。均照卦
位配合。九運之照川
觀生旺。尅出洩而吉
山應之其寅申巳亥。
的人元向亦同類推。

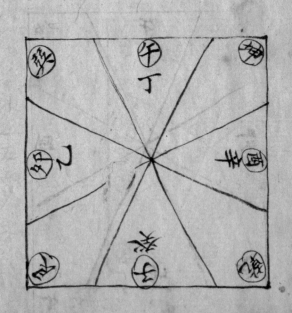

洛書宅形方正地元之圖

以地元向法。八卦方位。

俱偏於右。一切天人元

圖同。其辰戌丑末。地

元向。亦如之無論宅形

方圓斜曲長短。總以辨

請八卦方位。自有主張。

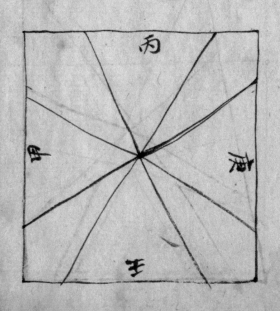

洛書宅形前窄後寬之圖

凡宅形勢論。歪斜。
寬窄。不能方正等
類。俱以中宮下盤
多方。

洛少宅形區淺之圖

以上各圖畧舉大概。學必
湏一隅三反類而推之宅
雖參窮之形式。必執我一
宅之法。而運用之斷。不至
於吉凶乖錯矣。

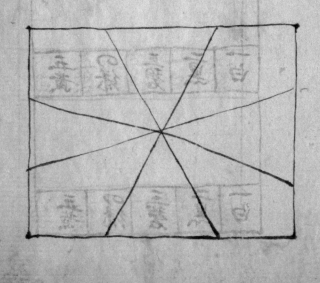

洛書宅形區

洛書以山爻間之圖

以坎山
将陽山。

爻間自諛發

其右從左卦用之

將之例。

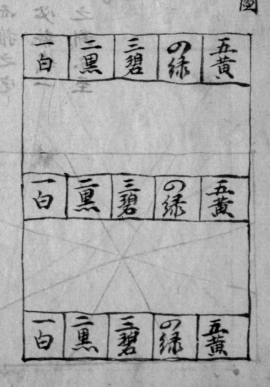

一白	二黑	三碧	の绿	五黃
一白	二黑	三碧	の绿	五黃
一白	二黑	三碧	の绿	五黃

洛書以山分向之圖

此乃離山

坎陰山自

左往右分

向之例。

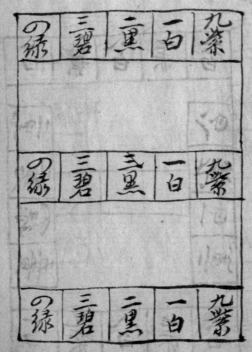

四綠	三碧	二黑	一白	九紫
四綠	三碧	三黑	一白	九紫
四綠	三碧	二黑	一白	九紫

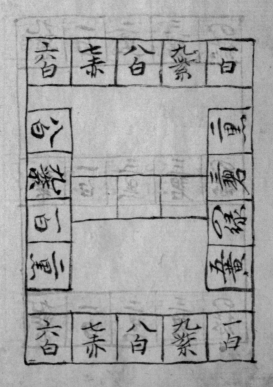

洛书层间厢屋之图

此以乾山正屋
为阳。左两艮山
亦为阳。右两坤
山为阴。各起间
星之例。

例

馬泰青增釋蔣大鴻《陽宅真詮》附三元陽宅紫白賦（虛白廬藏清寫本）

洛書層間兩屋之圖

此川坤山
正層為陰。
左兩乾山
為陰。右兩
巽屋為陰。
各起間星
云例。

六白	五黄	四綠	三碧	二黑
				綠
				黃
				水
				炒
六白	五黄	四綠	三碧	二黑

洛書層間脊不相連之圖

此正屋三間。廂屋
三間。脊不相連各
起間星之式以兌
山為倒。兌山為陰。
自右從左。

以上河洛層間。依正文及解繪圖為式。其實蔣公用法。以地
盤一宮之八卦為體。以生山入中。飛調八方為體。中之用。以
九運三元本運。入中飛加九紫為用。以天心一卦之向首。一
星入中。換加八方。為用中之用。苟能明此獨諦。則層間皆可
瞭也。至於改门換路引炁入宅之法。備詳於後。

坎宅門路引炁圖

此舉坎宅門為式。

圖具○方八面之
門。然一宅八面皆
門也乃一宅不拘
在何方開門。而總
在此八方之上也。

凡宅形或方或長。或寬或曲。而屋則四平正必居多。如右之坎

宅。子山午向。正中間。是為○之審煞矣。偏不能甲正。或不宜

用正。則開偏承之巽門。雖○在巽而向仍是午。但左巽方引

煞入宅耳。若偏西開坤○。是午向。引坤煞入宅。偏衝路左宅之

東。必甲胡東之門。是坎宅而開卯。如正乐之門。是震○。引震煞

矣。或偏南是如向。巽門引巽煞入宅。偏北是如向。艮門引艮煞

入宅。衝路左宅之西。必甲胡西之正○。是坎宅開兑○。引兑煞

入宅。如偏南是兑向。坤○。引坤煞入宅。偏北是乾門引乾煞入

宅。二十四山向依此類推。

坎宅九紫運〇向之圖

前一圖乃言宅云佈用。

此圖又言元運佈之用。

即天心一卦。下卦起星

之秘訣。今洩露於此。願

與天下積德此宅之。

四
綠
午
九
紫

八
白

三

前一圖錐言後門。列挨炁。尚是地盤一宅之卦上所來之炁。

須為三元九運各元各運之炁。由方由门引而入宅。斯乃有準。

趋其生旺。避其死絶各曰地理實係因天时以成人事。如舊任

之宅。一交新換之運。列方向门路一切隨運加臨星炁改变。其

吉凶亦大抵懸殊。茲此以坎宅逢九紫運绘圖為式。其餘七宅

八運可以隅反矣。

坎宅九紫運向星入中之圖

向星入中之式前
言天心一卦比耶
就卦而起挨星。
向星入中。如九運
之丙向上。○綠入
中。逆挨九宮式
樣。餘可類推。

九山星入中。局星入中。運星入中。皆只順飛尋逆挨者。惟天心

一卦。以向星一卦乡。天地人之交四正之卦。天人交陰地交陽。

四隅之卦。天人交陽地交陰。故壬山丙向。九紫運內四綠到離。

乃辰加於丙以向星入中。逆挨九紫到離南八白到坎北六白

到震東二黑到兌西。則內外正側旁宝門牕向南者。得九紫旺

炁上吉。向東者以六白財炁次吉。向西以二黑洩炁向北比

以八白洩炁皆主衰敗房間の向雖必是然卧床之興門牕又

宜迎生就旺之法。如茶兩屋。向二黑洩炁。若安床時。使門牕在

西北以三碧生炁為上吉。使門牕主西南為財炁次吉。其艄北屋

向八白洩炁若安床使門牕在西北以三碧生炁。亦为上吉。偏

不善安床。其朝南之房向固吉。若门在左引黄五炁入宝大凶。

其朝南之房向。左为一白煞炁。门在右为五黄閃煞均為最凶

之炁。总之一宅以中宮為太極。各间以卧床為太極去屋以坐

虑為太極此乃萬物曰名有一太極之義至微至妙。言诀至少天

机尽浅矣。至於施之阴宅全以龍向砂水為主。近亦有将故上

石碑扭转作向亦如三合家迎生旺墓庫之法。斯又三元挨

星之罪人也。

问一调一遮两星同宫如何辨

答曰の一同宫淮發科名云顯。九七合位常招田祿之喜二五

交加而损主亦主重病。三七送临而被盗更見官刑。三九七六

六三。惟乾震離撲施有兆。而六九三之間亦可蜚聲。一七七〇

四一。但艮坤中附鳳能難。西八二五之房均堪振羽。八二七五

五八左兌巽坎登雲足賀。西七〇一之屋俱早題名遇退煞亦

譽嫌逢生旺剋益利。非獨運興局可以參觀。抑且年興月尤須

並論運烹斐逢分大小。年月交會辦三元宅以局方為主屬以

圓運操權坤兌流左輔運臨。科名獨盛艮山庚水巨門運至。

甲第流芳。下元癸卯坎局之中宮發科。崇左壬寅兌上之六白

入詳煞旺雖承身旺制煞不以化煞。七赤先天火數九紫次天

火星旺宮單遇動始為殃。煞處重逢靜亦肆虐。以火星迭見或

部天加臨。不分動靜火患難均。廟宇刷紅左一白煞方常主瘟

火。樓台聳尖當七赤旺地豈免炎炎。二星同列一宮苏家一爐

亡剋巽方庚子造書舘。坎兌二局盡毀而坤局之界不侵中元

丙午起高樓中兌俱煥而艮局遠方始免五黃関煞不拘臨方

刻间人口常損。二黑病符診論小運流年。疾病叠生五主孕婦

受災黃遇黑時出寡。二主宅母多毒黑逢黃又居鰥夘運己退

九火夘逢災不狂運若來二五爻臨疾不免。三碧好勇闘狼之

夫。七赤肅煞劌鋒之象。三而七七而三爻。劌煞与多刻掠六逢

七七逢六開牛煞起犯官形六白老陽之金七赤破軍之鐵七

逢三到生財。豈知財到招盗。三遇七臨生病豈知病甚連官運

至何慮穿心然而煞星遇旺終逢殘刻身強不畏返吟但因助

神一去遞見官災。若求官星剋盜。何須局外搜求。要識却病延年全在疇中討論。六八武科發跡。九七輪踵榮身。八六文士參軍。二九異途擢用。旺生一遇即利。死退雙臨魤瘡。六同九而長房血症。七九之會大凶。八會四而小口殞生。八三之逢更惡。八逢九紫喜慶大來。六遇八白尊榮疊至。欲求嗣速惟而生神加紫白。至論弊藏尤宜旺氣車亂星。二黑亂乾逢八白而財源大進遇九紫而蟲斯蟄七。三碧臨庚遇一白而丁口頻添。父二黑而青蚨鬧七。木間逢一白為生。八白同宮須添丁而不育。火層遇木運而招財午逢戌亥却惹官災而生災。故遇煞未可言煞。宜求化煞為恩。逢生未可言生尤忌恩受制。方曜宜配局配山。

更配層星乃善。間星必合山合層。尤宜方位增先在方論方原

有生尅之辨復配以山之生死局之衰旺層之退然而方曜之

以失斯此就桐論間。因有時宮配合之殊再合一層之恩难。山

之父子局之財官而間星之制化聿彰論方比以局山層同到。

觀其以運失運而去以山懸絕論間以運年月盈至徵其以然

失烝而休咎多途。二黑土生乾宮老父老母扣配。入三層則木

尅土而財火入兑局則星到生宮而入與。更逢九紫入木土

之元則以運而財丁益茂兼主科名。如河圖之以層屬金洛

士之以緣屬木此圖尅土之局。入兑方則文昌破体而出孤入

坤局列示怕都天火星盈凶山雖逢元而死退方之凶方尤畏

黃旛豹尾助虐。蓋吉凶原由星判。而隆替乃法運分。局運興屋

運敗法局招吝。山運敗層運興法層複祥。正屋正房為主起運

起正屋。兩兩耳房法屋為奴僕。不起運只以坐廳層樓棟五大

門廚。逐一星去合吉凶以配吉星合吉運以納吉焉。則丁財壽

貴五福俱全矣。

三元陽宅紫白賦

四一同宮准發科名之顯

先以宅星入中宮查得四綠落何宮位次以流年太歲入中宮

輪得一白到四綠處即為四一同其年最利科試蓋一白為

宮星之慶眾列牙笏文章四綠為文昌之祥星垂天輔太乙還

宮復位感召固佳交互疊逢騰驤尤疾取四一之同宮以者文

章得官星而顯揚最利科試尤利引見故四得一而交互為美

一得四而還復更佳而每年入中宮只有一層一向不能多過

先以宅星入中宮次以流年太歲入中宮查得九紫遇流年七

赤或本宅遇流年九紫同泊宮_其而其方又犯本年其月丙丁火

星抑或驚動修造等事則其間發火累及鄰居必然者城市火

村者亦以中間之屋為中宮論其方道亦美以一間論其間同

凡地方之遭火災者必是犯七赤同宮兩丁火星相助值如六

白宅被離火太甚七赤宅被乾兌水太甚九紫宅被艮兌水太

七九氣途常遭回祿之災

兩四一同宮亦祇一宅一間也

甚一白宅被艮水太甚豈有不遭回祿者更逢七九窮途耳

二五交加而損主亦且重病

查得本宅或二黑流年五黃宅長住之必被損傷客住其間又

係一白年星則得病損壽可決矣

三七疊臨而被盜更見官刑

三碧七赤同宮九星中招是惹非也但遇流年相遇同宮不

但在家者被盜見災即生理在外亦不免被盜見官矣

是故三九九六六三豈惟乾離震巽龍有慶

此就八卦排其間也三九以流年三碧入中則四綠乾在以離

宅九紫入中宮則一白乾在故離宅乾間得四一同宮九六以

流年九紫入中四綠在離以乾宅六白入中則一白在離故乾

宅離間得四一同宮也六三以流年六白入中則四綠在震以

震宅三碧入中宮則一白在震故震宅震間得四一同宮也

一七四四豈惟坤艮中附鳳為祥

一七者兌宅艮門樓也遇一白之年吉七四者巽宅坤門樓也

遇七赤之年吉四一者坎宅之中也遇四綠之年吉

然二五八之間亦且蜚聲

其曰二者橫輪離宅第二間也三碧之年第二間是四綠九紫

之宅第二間是一白北五間屋故四一在第二間也其曰五者

橫輪乾宅第五間也九紫之年第五間是四綠六白之宅第五

間是一白此七間屋故四一在五間也其曰八者橫輪震宅第

八間也六白之年第八間是四綠三碧之宅第八間是一白此

九間屋故四一在八間也

而四七一之房均稱鳳逸

四者兌宅第四間即艮方房也一白之年四綠在艮七亦宅一

白到艮此年艮方吉七者巽宅第七間即坤方房也七亦之年

四綠在坤四綠之宅一白在坤此方坤方吉一者坎宅坎間也

以四綠年星入中宮而四綠即在中宮以本宅一白入中宮而

一白即在中即文下所云癸卯年登榜是也

八二五五八則兌巽坎宅固是尊榮

此論一團大勢某年某方某屋大利非專論一宅也八二者八

白之年二黑之山則山年四一在兌方之宅二五者二黑之年

五黃之山則山年四一在巽方之宅五八者五黃之年八白之

山則山年四一在坎方之宅以上兑巽坎宅俱可尊榮

八二五八二五而三六九層俱可顯名

此論屋之層數如三層屋遇八白之年二黑宅排四一在三層

六層屋遇五黃年八白宅排四一在六層九層屋遇二黑年

五黃宅排四一在九層

遇退煞以無嫌逢財旺而益利合局運以泰觀遇年運而並悉

退煞者交西卦而乾兑艮離之煞水已避逢在者而乾兑艮

旺

離之旺氣已收則元運已得宅局又合且邀流年吉照臨元運

有生尅以此參觀而並論者也

運有雙逢分大小歲如交會辨三元

一元之運分甲子甲戌二十年甲申甲午二十年甲辰甲寅

二十年元有大小三元各司其命令交之會歲照大岂令辨

其三元之中得令此最微而最細者也

但佳宅以方為主而層進以元運為君

�論佳宅先運其局之向對得令次論其山之生旺有氣若層

與閒則又要論其元運看有幾層幾開然後接元以合之乃可

得吉而獲福也

嘗考坤局兌流左輔臨而科名獨盛

此上元坤山艮向而得左輔朝水出兌合地二生火天七成之之

局當甲辰甲寅二十年以艮水為震之催官故科名獨盛

艮山坤向巨門而甲第聯芳

此下元艮山坤向得巨門朝水出震合天三生木地八成之之

局當甲子甲戌二十年以坤水為兌之催官故甲第聯芳

下元癸卯年坎局之中宮發科下元壬寅年兌六白而入泮

下元子山午向遇癸卯年四一在中宮同故發科有准下元壬

寅年五黃入中宮六白在乾兌宅七赤八中宮八白在乾是兌

宅乾間得三碧會合故能入泮矣

故白衣求官秀士得舉推之各有其法而下僚求升發恩起作

亦異其名

求官重一白官星不重四綠文昌其法其方各有不同如其開

有四一同宮而居就其間而住之自可得官得名也

第一文昌不如元昌或山堆大塔龍即旺宮亦變易而制煞不如
化煞或鐘鼓樓閣局乖生氣以施行煞旺生旺須當審慎俗
以坎宅之生氣在巽萬年一例不知元運變生氣亦變矣
五絕六害為煞方生氣天醫為吉如坎之在巽用鐘鼓樓閣以
制乾兌艮離之煞或以宅主之年月日時用水局化之皆不通
之論也夫煞不宜制制之為凶化之為吉何則為煞在震巽坤
則豎屋栽樹遮攔以避之即化化則吉矣若其方用鐘鼓樓
閣以鎮煞則煞愈勝故築樓閣審其生旺施行可也

若夫七赤為先天火數九紫為天後火星旺宮單遇動則相侵煞

處重逢靜以肆虐或廉貞疊至或都天再臨雖分靜動火患為均

七赤九紫廉貞回祿由一般也旺宮單遇無防不動則已若夫煞

方靜以肆虐倘五黃廉貞並至又都天加臨即不動亦難免也

凡此皆以宅星入中宮排之查其會合凶方與煞否若煞方有

大江大湖對其宅而七九同到火災必矣

是故乾宮之水路宜通開則鬼祟右弼之池井當鑿填則魔侵

此言上元坎宅先天乾方喜水也乾乃後天之離耳

廟宇刷紅在一白煞方尚主瘟火

上元離方照牆刷紅在一白之煞位雖係廟宇不免瘟火

高樓聳尖當七赤旺地豈免凶災

下元七赤宅方乃先天九紫坐宮六十七赤方不宜造高樓閣若

遇五黃之年火災必難免矣

建高塔於火宮湏知生旺轉輪

若離方高塔造於下元對文昌蔚起若出上元則是煞

方不宜建造故曰轉輪

但逢二星同到必然萬寶燼盡

二星者七九星也二星在本宅論流年都天到其方乃有此禍

巽方庚子起高樓坎艮二局俱焚坤局無害

上元庚子年一白入中宮九紫到巽艮宅八白入中宮七赤到

巽故巽方修造高樓坎艮二局皆焚坤宅庚子年七赤到宮

而無九宮紫故無害

巳上丙午興傑關巽中離兌盡燼艮宅無害

下元一白入中宮九紫到巽離宅九紫入中宮兌宅七赤入中宮

離兌二宅皆此入中宮起火而與別宅無涉也　下元艮宅

丙午年異亦係七赤九紫巽方不動火災可免以上論　七九

五黃凶煞不拘臨方到間常損人口二黑病符無論小運流

年多生疾病

二五乃惡星凶煞不宜到方到間又不宜運逢年逢若到

之逢皆凶倘作動愈見禍也

五主孕婦受災殃黃遇黑對出寡婦黑主宅母多疾病

黑遇黃對出鰥夫

五黃陽土二黑陰土主肚腹痛故孕婦受災黃土加黑是壓陰

也故出寡婦黑土加黃是壓陽也故出鰥夫若有無五有五無

二不妨

是以六七劍殺 六也 七與 興多刳掠

七赤破軍金遇六白武曲金如卯山酉向乾金交戰故有刳掠

閂牛煞 七也 三與 起惹官刑

三碧祿存凶惡之星遇二黑 黑 坤重濁之星故因爭閂爭訟而遭

官刑如卯山酉向見坤亦水然

七逢三而生源財豈知財多被盜

宅星七赤金遇年流三碧木而為財財金木皆凶惡故得財被盜

七遇七而生病邪知病愈遭刑

宅星三碧木星遇年七赤金而相尅害故多病復招官刑如子午向兌水橫過亦然

運至何慮穿心然煞星遇旺終招賊刼

屋之門路局法雖吉而流年煞星同太歲會臨故災刼之病

身強不畏反吟但助神一去遂罹官災

屋局當令水道門路皆吉何畏小流年之煞但流年吉神不到

而偏遇凶神加臨難免官災故有當年之宅間亦意外之意患

要知急刑弭盜只須局內搜索欲知病愈延年全在星中找尋

人家被盜遭禍皆因局宅之不善又觀流年一二五交加三七

疊臨七九穿途等函而人之遊洋登科以及一切吉利之事實

由四一同宮然流年之禍福不如元運之禍福明矣故斷宅之

法不外乎此

更有武曲青龍喜逢左輔福星

武曲青龍六白也　如宮坐六白金星喜流年土星生宮則吉」

六八主武科發跡七五必韜畧榮身

此論乾宅與流年宮星六白武曲金星遇流年八白左輔土星

生宮故主武事七五者宮中七赤金遇流年五黃土以七赤是

破軍故宜韜畧榮身

八六主文事泰軍二九異途擢用

此論艮宅遇流年八白宮星左輔土遇流年武曲金是宮生星

故主文事泰軍二九者宮星二黑遇流年九紫火以二黑是巨

門財星故亦得遇異途擢用也

生旺一遇為亨死退雙臨不利

旺星遇與生星得一星到宮便吉死退是尅害之星雙到必大凶

九紫雖引喜氣然六會九而產母血症

此論乾宅九紫之年九紫雖係生子星而宮星六白金遇流年

九紫火來尅金故主產母血症

四綠固號文昌然八會四而小口損傷

此論艮宅遇四綠之年而流年遇四綠則木而尅土必損

聰明之子

七九之患宜明

此論乾宅遇七赤飛來雖不逢九紫而逢七赤亦遇九紫同患

蓋六白宅又值六白之年是上元戊辰年而七赤到乾不但產

母血症而乾宅坤坎二間內必起火七赤到乾火不起乾宮而起

坤坎二間者以二黑入中七赤到坎一白入中七赤到坤亦然

耳耳

三八若遇更惡

三碧木星乃祿存星之惡者四綠文昌木星柔順若逢八白

聰明之子必損

八白逢紫曜須喜重臨

八白之宮遇流年九紫不是生子便是婚姻以火生土故也

六白遇輔星可以尊榮不次

宮星是六白遇流年八白之星百事皆吉

如遇兩美之合盡同四一顯應

若遇官星遇流年星兩美與四一同宮並斷也

欲求嗣速惟數生旺加紫白至論局法先看旺氣與飛星

求子之法要年星生宅星若宅星是八白土而年星是九紫火

又得旺間更得其間之旺門而陽氣入內得陽貴人又得此

間房是木年天喜方生子必矣

二黑飛乾逢八白而財源大進遇九紫而益斯墊墊

此論坎宅一白入中飛二黑在乾遇流年七赤入中飛八白到

乾九紫喜星到乾住乾間者不但發財必生喜男

三碧臨兌逢一白而丁口類添夾二黑而青蚨營營

此論坎宅一白入中宮飛三碧到兌逢流年八白入中宮飛

一白到兌則添丁有喜交流年九紫入中飛二黑到兌則

財大發蓋二黑遇三碧乃生財之星也

震宅逢一白為生八白臨而添丁不育

震宅以三碧君入中宮飛一白到震可云生宮之星奈歲星

八白到震而被土則水不能生木故難生產一白被八

白所制故生不育

火層遇木運得財水局年而官災必戍

火層者乃層屋之第二層也遇木者戊子之木運也然一運二

十年中或水來剋火故有官災之事非水生木乃木生火之謂也

故遇煞未可云煞須求化煞為主

遇煞未可云煞者乃本屋之煞方有樹木高樓遮攔則旺方之

風氣吹入煞方而止是煞反受收旺氣故化煞為生矣

逢生未可言生者猶恐恩星受制

逢生未可言生者如東時宅坎以巽為生方而高築樓閣於巽

方財乾方之煞氣煞風吹入巽方而止豈非恩星受制乎故生

雖宜高峻宜在百步之外煞方屋宜遮要在百步之內竹謂生

方宜開門者乃能迎接旺氣煞方宜開煞方 塞安 乃能遮開凶氣故

也水亦如之

但方曜宜配局配山更配層星乃善

如艮山坤向乃土山土局宜作兩層以火生土也若局三層財

木尅土炎故宜配合也

向星必合山合層尤合方位為美

向也山也層也必宜配合向宜尤要審明方位水路乃成吉宅

如東附宅坎其方向乾艮水其間數至三間或四間六間皆吉

方

西辨兌宅乾兌二方有屋或艮方有屋震巽方空瀾其層

數或作三四之數皆吉其餘宅宜照東西兩卦用之

蓋立方論方原有星宮生尅之辨復配以山之生尅局之衰旺層層

退煞如何而方位之得失始見

看宅之法先看方位吉凶次看宮而星或生或死後看山

向之吕令失令進退吕然煞然依吕准此乃形之大要也

就間論間用弓河洛配合之分再合以層數之高低山之父子局之

財官要若而圈星之制化畢略

看宅之法所看其圈八卦陰陽合否次查層圈高低執吉執

必又查本年本局父子財官或合或不合而後再查本年流年

星或生或尅倘其圈爻不合之慮詳查而制之化之驗如神矣

論世以局查令之局陰陽於陽零神朝揖口路合之詳其内

外惟均而富貴可許論甲必以氣三元旺氣元令適臨星年

疊至星來生宮微其旺氣不失而福孫永貞

此二者皆言局運之水合生也

如八卦乾位屬金九星則八白屬土此乃生旺之星

此言乾宅八白土生金生方

若三層屬木剋土而火財
剋

第三層屬木剋八白生金奈三層木又制八白土土不能生
乾

乾金故云火財

入兑局則星未生宮而丁旺

八白土入兑宅相生故人與旺

更逢九紫入土木之元斯時運而財丁交旺薰主科名

此言九紫之宅也逢上元甲辰甲寅二十年木運時水星旺九

紫之火烈於堂此吉甲申甲午二十年土運世旦九紫旺

於合故財丁旺而又發科名

如河圖四間屬金而洛書四間屬木此為圖書之局入兌方則文

章破體而出孤

蓋四綠木文昌之星也入兌方而被金尅故損聰明之子每被

赵七

入坤宅則巨門土濁而出寡

坤局四間為金然坤土重兌金薄故必婦有寡居之患也

若此一層入坎震之鄉始為內氣而科甲成名亦屬丁口坎宅吉四間屬金

此二節巳層間之不生魁也局為體山為用山為體運為

用体用一元天地靜寧此為立宅之法要本山本局要左本元

乃吉若山為君層為臣層為君間為臣合德鬼神欽仰此

巳一宅之中層田必要合法

局雖交運而八方之六子尚慎戊己廉貞疊加

此本局雖仍元運而六白修動之方最怕戊己都天煞故

修動又宜審慎

山雖逢元而死退之惡煞猶恐巡羅天罡加臨

巡羅即本年太歲天罡即辰戌丑未加臨如本山雖在運中而

煞方又值太歲諸凶加臨則煞上加煞不可動犯五黃戊己

都天類

蓋吉凶原由星斷而隆替實本運分局運與屋運敗可從局運

局論與此水神當令也屋運敗非不當元運也

山運敗水運與又從水運也

山運敗似癸丁蕭丑未之類下元時論局運與如子午薰

壬丙體以山憑

楊公救貧之法專以水運學者亦深思焉修明星運之用啟廸後（逆子之數）

賢之美神而明之存乎其人豈俗所能窺測哉

總言星運以五行論生赶元運論生旺休囚層數（日數合）

五行元運生赶而斷之神明隨乎其人虛心慧眼是真仙地也

五行所屬禍福必應各有運速如屬火比可先日時而斷之以

火未燃而烟先出也屬水也須过日时而断之以水流过而方濕

也又兄佳居湏配年命論断只以心盤上十二支合生命上地支慶其

生赴刑冲吊合而断不必更於盤上天干相推惟支巳相配

而干又相制則所必忌

坎　主腎病

　　離主軟疼火病　　震主火病

　　　　　目病

乾主寒疾　　艮主哽病痒

　　　　疾氣痛　　　　巽主風脛病　坤主母病肚

　　　　　　　　　　　　氣痛　　腹痛病

　二訣俱是挨星歌陽順陰逆細揣摸

木未赴土瘋瘫病胃氣冲心笑哈哈体弱若面黄並眼澁失

音氣血欠安和眼酸腳軟風邪症肚腹膨脹咳嗽多土未尅水主

啞聾眼底昏花氣不足失音風狂多思慮小子尤甚生疲癃多

生女來仍多死逃走淫邪酒更凶水未尅火心招焦噎食媳邪

病作勞水盛小心並泄痢蓋因水火不能交婦人胎病蕉崩漏

寒熱難均胃不調火未尅金咳嗽常鼻干喉嗓面灰黃酒色虛

勞或吐血肺金痰火見刑傷腸結便紅聲音啞手足難伸應

老陽更有瘋癲癱疾症老陽火女終身當

貪生五子巨三卽武曲金星四子張五鬼廉貞人兩個輔弼只
強

有半兇郎文曲水星惟一子破軍無子守孤寡祿存無子人高壽

生旺体因細推祥

層數卑河圖大畧

水山一層水見水出入遊蕩不聚財二層水火既濟財帛畧旺並

發秀四層金生水外益內先女必男發財悠久五層土尅水人

財不旺又總斷逢生旺則為文秀為財勢為標首為聰明逢尅

煞則為娼俠為寡婦為溺女為標蕩

火山一層水尅火人財有丙水厄失明二層火見火性狂暴

出寨孤財不旺恐有回祿三層木生火外蓋內主人生興旺但

恐不久五層土受生先富後貧出迂腐老孫又總斷逢生旺則

為橫財為巨門為多女逢尅煞為吐血為墮胎為難產為妖亡

為禍橫

木山二層水生木人財雖有不長火二層火洩氣人財卻發富貴

亦發但不久遠子孫漸稀三層木見木旺氣入財大盛秀貴非

常失運雖防弔縊之厄四層外制內金尅木人丁不旺若有

財必生絕敗之子五層木尅土則財丁不旺又總斷逢生旺則

為文財才為多男為魁元逢尅煞為必亡為絕嗣為自縊

金山一層水杉生女子秀美聰明男子不免淫蕩二層火尅金

外制內勞瘵杉傳必出絕敗之子三層木受山尅尅雖有而丁

不旺主有瘋痰癱腫骨節痛之笒四層金比合人丁旺而女更

強當門路作大院以洩其氣剋男兇富貴雙美五層土生金外

益內丁財旺長大荼富貴又總斷逢生旺剋為巨富為好義逢

尅煞為刀兵為吊頸為孤伶

土山一層水受尅出浮腫痰疫冷病丁不旺二層火生土丁尅兩

旺初代興旺不久遠三層木尅山丁財不旺吉火住敗絕四層

屋受山生丁財兩旺富貴崇高五層合山必生富貴之子人丁

大旺福祿遠長又總斷逢生旺為聚財為多子多孫逢尅煞為

瘟瘟為孤霜為喪亡

　　分房變氣

其宅同門地勢偏一林花木各時鮮只緣門路宮宮變細把青

囊理數研中架居中離氣正下元方卻喜便便東左變坤一白

漫西方變巽變中元八宅依此論衰旺此訣分房是�ログ傳居於

宅相

陽宅形勢貴裁量僕妾兒孫各有房一步一星隨他變門墻

衢路要推祥天光落處看風色此是精微莫輕揚一宅之中災

福興生管死在微茫

陽宅全藉一路風氣上接天氣下收地氣層層引進隨時分應

以進吉凶不可拘泥形迹即如同一〇也甲離〇為受地離氣

東左則離變坤居於西右則離變巽

下元吉此就離方無水則然若遇離方有水近中離〇則又收水

之旺氣上元吉矣同一墻也如朝南當面有墻太近而高逼則
受坎風若遠而舒垣則坎風漸變為雜氣矣此回風返氣之同~
一路也曲折而來朝則為來氣若橫過者又為束氣矣
同一橋也逼近而太高無論吉凶之方俱為煞氣若自遠疊
疊而整齊者又為來氣矣
同一隅空也方整平垣者為來氣若墻尖屋歪斜漏風無論吉
凶之方俱受凹風煞氣矣

作灶進忌煙火日

正五九月郊日凶　二六十月子上進　　三七十一酉日忌癸酉　甲子

四八十二午宮中庚午正七辰戌正須防瀟曺　二八豬蛇不可當

三七切忌逢子馬　　四十又怕犯牛羊　　世人不信絕烟火日

五十一月寅申當　　六十二月郊酉是　十人犯着九人亡

作灶宜黃道黑道大不祥、建破防寶長、除危母受殃成瀟害

男女執闭損牛羊、闭進多財寶、平收進田庄、八凶君若犯、

四吉乃為良、

一